D1674431

Jean Giono · Tullio Pericoli
Der Mann, der Bäume pflanzte

Jean Giono

Der Mann, der Bäume pflanzte

Aus dem Französischen von
Ralf Thenior

In Bildern erzählt von
Tullio Pericoli

Büchergilde Gutenberg

Lizenzausgabe für die Büchergilde Gutenberg
Frankfurt am Main und Wien
mit freundlicher Genehmigung des
Sanssouci Verlags, Zürich

Die französische Originalfassung des Textes erschien 1949
in Buchform unter dem Titel
L'homme qui plantait des arbres
im Verlag Editions Gallimard
© für den Text: Editions Gallimard, Paris 1983
Alle Rechte dieser Ausgabe:
© Sanssouci im Verlag Nagel & Kimche AG Zürich 1998
Satz und Lithos: Gloor Satz Repro, München
Druck und Bindung:
Franz Spiegel Buch GmbH, Ulm
Printed in Germany 2000
ISBN 3-7632-5072-7

Jean Giono

Der Mann, der Bäume pflanzte

Mit Skizzen versehen von
Tullio Pericoli

Jean Giono

Damit sich uns das Wesen eines Menschen in seinen außergewöhnlichen Zügen zu enthüllen vermag, bedarf es der glücklichen Fügung, sein Wirken über lange Jahre verfolgen zu können. Wenn dies Wirken frei von jeglichem Egoismus ist, wenn seine Motivation von einer beispiellosen Großherzigkeit zeugt, wenn es keinen Gedanken an Lohn oder Anerkennung verschwendet und darüber hinaus deutliche Spuren in der Welt hinterlassen hat, kann man sicher sein, einem unvergesslichen Menschen gegenüberzustehen.

Es ist wohl vierzig Jahre her, dass ich mich auf eine lange Wanderung durch jenes alte Alpengebiet begab, das in die Provence hineinführt und dessen Höhenzüge Reisenden damals völlig unbekannt waren. Diese Gegend wird im Südosten und im Süden, zwischen Sisteron und Mirabeau, durch den mittleren Lauf der Durance begrenzt; im Norden durch den Oberlauf der Drôme von ihrer Quelle bis nach Die; im Osten durch die Hochebene der Grafschaft Venaissin und die Ausläufer des Mont Ventoux. Sie umfasst den gesamten nördlichen Bereich des Departement Basse Alpes, den Süden des Departement Drôme und eine kleine Enklave des Vaucluse. Zu dem Zeitpunkt, als ich meine lange Wanderung durch diese menschenleere Gegend unternahm, war sie ein kahles, eintöniges, bis auf 1300 Meter Höhe gelegenes Ödland. Nichts wuchs dort außer wildem Lavendel.

Ich durchquerte diese Landschaft in ihrer größten Ausdehnung und fand mich, nach drei Tagen Fußmarsch, in einer überaus trostlosen Umgebung. Ich kampierte neben den Überresten eines verlassenen Dorfes. Seit dem Vorabend hatte ich nichts mehr getrunken und musste nun Wasser finden. Die Häuserruinen, eng aneinander gedrängt wie die Waben eines alten Wespennests, legten nahe, dass es hier seinerzeit Wasser, entweder von einer Quelle oder aus einem Brunnen, gegeben haben musste. Es gab einen Brunnen, doch war er ausgetrocknet. Die fünf oder sechs Häuser ohne Dachbedeckung, von Wind und Regen zermürbt, die kleine Kapelle mit dem eingefallenen Glockenturm, standen aufgereiht, als wären sie Häuser und Kapelle in bewohnten Dörfern, doch hier war alles Leben verschwunden. Es war ein schöner Junitag mit strahlender Sonne. Über das hoch unter dem Himmel liegende, ungeschützte Land raste der Wind mit unerträglicher Gewalt. Sein Grollen in den Ruinen der Häuser glich dem eines Raubtiers, das bei seiner Mahlzeit gestört wird.

Ich musste das Lager verlassen. Nach fünfstündigem Marsch hatte ich immer noch kein Wasser gefunden, und es gab keine Anzeichen, die mich Hoffnung schöpfen lassen konnten, erfolgreich zu sein. Überall dieselbe Dürre, dieselben verholzten Kräuter. Mir schien, als gewahrte ich in der Ferne eine kleine, schwarze, aufrecht stehende Silhouette. Ich hielt sie für den Stamm eines einsamen Baumes. Auf gut Glück bewegte ich mich darauf zu. Es war ein Schäfer. Etwa dreißig Schafe kauerten auf der heißen Erde, ruhten in seiner Nähe aus. Der Mann gab mir aus seiner Kürbisflasche zu trinken und führte mich, ein

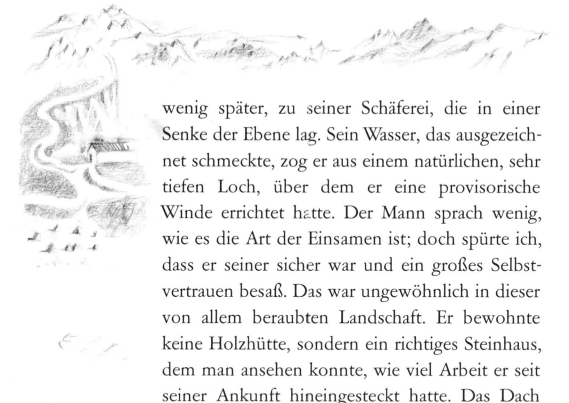

wenig später, zu seiner Schäferei, die in einer Senke der Ebene lag. Sein Wasser, das ausgezeichnet schmeckte, zog er aus einem natürlichen, sehr tiefen Loch, über dem er eine provisorische Winde errichtet hatte. Der Mann sprach wenig, wie es die Art der Einsamen ist; doch spürte ich, dass er seiner sicher war und ein großes Selbstvertrauen besaß. Das war ungewöhnlich in dieser von allem beraubten Landschaft. Er bewohnte keine Holzhütte, sondern ein richtiges Steinhaus, dem man ansehen konnte, wie viel Arbeit er seit seiner Ankunft hineingesteckt hatte. Das Dach war fest und wasserdicht. Das Geräusch des auf die Schindeln einschlagenden Windes klang wie Meeresbrandung.

Sein Haushalt war ordentlich geführt: Das Geschirr war abgewaschen, der Fußboden gefegt und das Gewehr geölt. Eine Suppe kochte auf dem Feuer. Mir fiel nun auf, dass er frisch rasiert war und dass all seine Knöpfe fest an der Jacke saßen. Seine Kleidungsstücke waren mit so peinlich genauer Sorgfalt ausgebessert, dass man keine

Flickstellen entdecken konnte. Er teilte seine Suppe mit mir, und, als ich ihm danach meinen Tabaksbeutel anbot, bedeutete er mir, er rauche nicht. Sein wachsamer Hund, still wie er, war zutraulich ohne Unterwürfigkeit.

Er war gleich damit einverstanden, dass ich die Nacht unter seinem Dach verbrachte; das nächste Dorf war mehr als anderthalb Tages- märsche entfernt. Und mir waren die Zustände in den einsamen Dörfern dieser Region zur Genüge bekannt. Es gab vier oder fünf davon, weit von- einander entfernt auf den Flanken des Höhen- zuges verstreut, im Eichenbusch am Ende der befahrbaren Wege gelegen. Sie wurden von Holz- fällern bewohnt, die Kohle brannten. Es waren Orte, an denen man schlecht lebte. Die Familien hausten eng aneinander gedrängt, sommers wie winters dem außerordentlich rauen Klima aus- gesetzt. Dies Leben auf engstem Raum steigerte ihre Selbstsucht bis zu wilder Wut. Ihr unver- nünftiger Ehrgeiz verlor alles Maß in dem be- ständigen Verlangen, diesem Ort zu entfliehen.

Die Männer brachten ihre Kohle auf Karren in die Stadt, dann kehrten sie zurück. Selbst die besten Eigenschaften wurden in diesen Wechselbädern aufgeweicht. Die Frauen trugen Groll im Herzen. Es gab Neid und Streit um alles; um den Kohleverkauf ebenso wie um die Bank in der Kirche, um die Tugenden, in denen sie miteinander wetteiferten, um die Laster, die sich unter ihnen ausbreiteten, und um den ganzen Mischmasch von Lastern und Tugenden gleichermaßen, ohne Unterlass. Denn dort draußen wurden die Nerven ständig vom heftigen Wind gereizt. Es gab Selbstmordepidemien und zahlreiche Fälle von Geistesgestörtheit, die fast immer in Mord und Totschlag endeten.

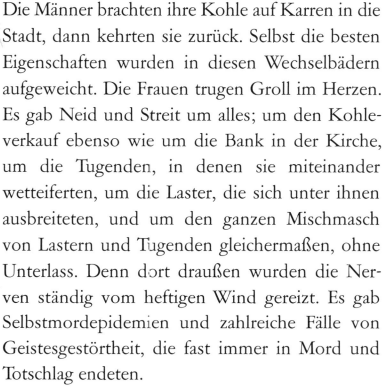

Der Schäfer, der nicht rauchte, holte einen Beutel hervor und schüttete einen Haufen Eicheln auf den Tisch. Aufmerksam begann er eine nach der anderen zu untersuchen und die guten von den schlechten zu trennen. Ich rauchte meine Pfeife und schlug vor, ihm zu helfen. Das, sagte er mir, wäre seine Angelegenheit. Als ich die Sorgfalt

bemerkte, mit der er sich dieser Arbeit widmete, bestand ich nicht weiter darauf. Das war unsere ganze Unterhaltung. Als er auf der guten Seite einen ordentlichen Haufen Eicheln zusammenhatte, sortierte er sie in Zehnergruppen. Nachdem dies getan war, nahm er noch die kleinen Früchte oder jene, die leicht beschädigt waren, heraus, denn er begutachtete sie mit höchster Aufmerksamkeit. Als er schließlich hundert einwandfreie Eicheln vor sich liegen hatte, war die Arbeit getan. Wir legten uns schlafen.

Die Nähe dieses Mannes strahlte Frieden aus. Am nächsten Morgen bat ich um die Erlaubnis, den Tag über bei ihm ausruhen zu dürfen. Er fand das ganz selbstverständlich oder, genauer gesagt, er ließ mich spüren, dass es nichts gab, das ihn zu stören vermochte. Die Ruhepause war nicht unbedingt notwendig, aber ich war neugierig geworden und wollte mehr über ihn und sein Tun erfahren. Er ließ seine Herde hinaus und führte sie auf den Weideplatz. Vor dem Aufbruch feuchtete er den Sack, in den er die sorgfältig ausgewählten

und gezählten Eicheln hineingetan hatte, in einem Wassereimer an. Mir fiel auf, dass er anstelle eines Hirtenstabs eine Eisenstange mit sich trug, daumendick und ungefähr einen Meter fünfzig lang. Ich verhielt mich wie ein gewöhnlicher Wanderer und folgte einem Weg, der parallel zu seinem verlief. Der Weideplatz seiner Tiere befand sich am Boden einer Senke. Er ließ die kleine Herde in der Obhut des Hundes und begann in die Höhe aufzusteigen, in der ich mich aufhielt. Ich fürchtete schon, er würde mich wegen meiner Neugier tadeln. Doch nichts davon, dies war sein Weg, und er lud mich ein, ihn zu begleiten, sofern ich nichts Besseres zu tun hätte. Er bewegte sich etwa zweihundert Meter weiter die Steigung hinauf. An seinem Zielort angekommen, begann er seinen Eisenstab in den Boden zu bohren, machte ein Loch und legte eine Eichel hinein. Dann bedeckte er den Samen mit Erde. Er pflanzte Eichen. Ich fragte ihn, ob ihm das Land gehöre. Er verneinte. Kannte er den Besitzer? Er kannte ihn nicht. Er vermutete, dass es sich um Gemeindebesitz handelte, oder vielleicht auch Leuten gehörte, die

sich nicht darum kümmerten. Ihm jedenfalls war es nicht wichtig, die Eigentümer zu kennen. Währenddessen pflanzte er mit äußerster Sorgfalt seine hundert Eichen.

Nach dem Mittagsmahl begann er wieder Saatgut auszulesen. Anscheinend stellte ich meine Fragen nachdrücklich genug, denn er beantwortete sie mir. Seit drei Jahren pflanzte er in dieser Einsamkeit Bäume. Hunderttausend hatte er bisher gepflanzt. Von den hunderttausend waren zwanzigtausend angegangen. Von den zwanzigtausend zählte er noch einmal den Verlust der Hälfte, auf Grund von Tierfraß oder anderen Widrigkeiten, die in den Bereich der Vorsehung fielen und nicht vorauszuberechnen waren. Übrig blieben zehntausend Eichen, die nun in einer Gegend, in der es zuvor nichts gegeben hatte, zu wachsen begannen.

In diesem Augenblick fragte ich mich nach dem Alter des Mannes. Er hatte die Fünfzig deutlich überschritten. Fünfundfünfzig, sagte er mir.

Sein Name war Elzéard Bouffier. Im Flachland hatte er einen Bauernhof bewirtschaftet und dort sein Leben gelebt. Dann war sein einziger Sohn gestorben, danach seine Frau. Er hatte sich in die Einsamkeit zurückgezogen, wo er sich eines beschaulichen Lebens mit seinen Schafen und seinem Hund erfreute. Er war zu dem Schluss gekommen, dass dieses Land starb, weil es keine Bäume gab. Er fügte hinzu, dass er sich, da keine wichtigen Aufgaben auf ihn warteten, entschlossen hatte, diesem Zustand abzuhelfen.

Da ich zu jener Zeit, trotz meiner jungen Jahre, selbst ein einsames Leben führte, wusste ich einsamen Seelen mit Feingefühl zu begegnen. Dennoch beging ich einen Fehler. Mein junges Alter zwang mich, die Zukunft auf mich selbst bezogen und als Streben nach beruflichem Glück zu sehen. Ich sagte ihm, dass diese zehntausend Eichen in dreißig Jahren prachtvoll gewachsen sein würden. Seine Antwort war schlicht. So Gott ihm sein Leben erhielte, gedächte er im Lauf von dreißig Jahren viele weitere zu pflanzen, so-

dass diese zehntausend nicht mehr wären als ein Tropfen Wasser im Ozean. Darüber hinaus studierte er die Wachstumsbedingungen der Buchen und betrieb in der Nähe seines Hauses eine Baumschule, in der er Bucheckern ausgesät hatte. Die Schößlinge, die er durch einen Bretterzaun vor seinen Schafen schützte, standen in saftigem Grün. Außerdem dachte er an Birken für die tieferen Lagen, wo, wie er mir sagte, einige Meter unter der Oberfläche die Erde eine gewisse Feuchtigkeit berge. Am folgenden Tag trennten wir uns.

Im Jahr darauf begann der Erste Weltkrieg, der mich fünf Jahre lang in Atem hielt. Ein Soldat der Infanterie hat kaum Zeit, über Bäume nachzudenken. Um die Wahrheit zu sagen, die Sache selbst hatte mir keinen besonderen Eindruck gemacht: Ich hatte die Baumpflanzerei als Steckenpferd betrachtet und vergessen. Mit einer winzigen Abfindung in der Tasche und dem starken Bedürfnis, reine Luft zu atmen, kehrte ich aus dem Krieg zurück. Ohne klare Zielvorstellungen machte ich mich auf den Weg in jene einsame Gegend. Die

Landschaft hatte sich nicht verändert. Gleichwohl entdeckte ich von einem verlassenen Dorf aus eine Art grauen Nebel in der Ferne, der die Höhenzüge wie ein Teppich bedeckte. Seit dem Vorabend war mir der Bäume pflanzende Schäfer nicht mehr aus dem Kopf gegangen. Zehntausend Eichen, sagte ich mir, das braucht wahrhaftig viel Platz.

Ich hatte während der fünf Jahre zu viele Menschen sterben sehen, sodass mir auch der Tod von Elzéard Bouffier nicht außergewöhnlich erschienen wäre, umso eher, da man als Mittzwanziger die Fünfzigjährigen als Greise betrachtet, denen nicht viel mehr bleibt als zu sterben. Doch er war nicht gestorben. Im Gegenteil, er war bei besten Kräften. Seinen Beruf hatte er gewechselt. Er besaß nur noch vier Mutterschafe, hielt nun aber an die hundert Bienenvölker. Von der Herde hatte er sich getrennt, da sie die jungen Baumpflanzungen gefährdete. Um den Krieg, so sagte er mir, habe er sich nicht gekümmert. Das war zu sehen. Unerschütterlich war er dabeigeblieben, Bäume zu pflanzen.

Die 1910 gepflanzten Eichen waren inzwischen fast zehn Jahre alt und überragten uns beide. Ein überwältigender Anblick, der mir buchstäblich die Sprache verschlug. Und da auch Bouffier nichts sagte, verbrachten wir den ganzen Tag damit, schweigend durch seinen Wald zu spazieren. Er war in drei Abschnitte gegliedert und in seiner größten Ausdehnung elf Kilometer lang. Wenn man sich vor Augen führte, dass dies alles aus den Händen und dem Herzen eines einzigen Mannes hervorgegangen war, ohne technische Hilfsmittel, ließ sich ahnen, dass die Menschen, ebenso wirkmächtig wie Gott, auch in anderen Bereichen als dem der Zerstörung tätig werden konnten. Er hatte seinen Plan weiterverfolgt, und die Buchen, die mir an die Schulter reichten und sich bis in die Ferne Baum an Baum reihten, legten Zeugnis davon ab. Die Eichen waren kräftig und hatten das Stadium verlassen, in dem sie von Tierfraß bedroht waren; was den Plan der Vorsehung anging, das Werk selbst zu zerstören, war sie in Zukunft gezwungen, auf Wirbelstürme zurückzugreifen. Er zeigte mir wunderbare Birkenschonungen, die vor

fünf Jahren, zu der Zeit, als ich bei Verdun kämpfte, gepflanzt worden waren. Er hatte sie überall in den Niederungen angesiedelt, wo es, wie er richtig annahm, dicht unter der Erdoberfläche Feuchtigkeit gab. Er war vorsichtig und sehr genau im Umgang mit den heranwachsenden Bäumen. Ihre endlosen Reihen wirkten fast wie am Fließband gepflanzt. Er machte sich darüber keine Gedanken. Unbeirrt setzte er seine einfache Arbeit fort. Doch als wir ins Dorf hinabstiegen, sah ich in den Bächen, die seit Menschengedenken ausgetrocknet gewesen waren, Wasser fließen. Das war die wunderbarste Wirkung seines Werks, die er mir vor Augen führte.

Einige dieser traurigen Dörfer, von denen am Eingang meines Berichts die Rede war, waren auf den Grundfesten alter gallisch-römischer Siedlungen erbaut worden. Archäologen hatten bei Ausgrabungen Angelhaken in der Umgebung der Dörfer gefunden, in Gegenden, wo man im zwanzigsten Jahrhundert gezwungen war, auf Zisternen zurückzugreifen, um den Wasserbedarf zu decken.

Auch der Wind verstreute verschiedenste Samenkörner. Mit dem Wasser kehrten die Weiden, sogar die Korbweiden, die Wiesen, die Gärten und Blumen zurück. Es lohnte sich wieder, hier zu leben. Doch die Veränderung ging so langsam voran, dass sie zur Gewohnheit wurde und niemand sich darüber wunderte. Die Jäger, die in diese Einöden hinaufstiegen, um Hasen oder Wildschweine zu jagen, nahmen die Vermehrung, das Wachsen der Bäume wohl wahr, doch buchten sie dies auf das Konto der unberechenbaren Launen der Natur. Deshalb rührte niemand an Bouffiers Werk. Hätte man es als Menschenwerk erkannt, wäre es sicher gestört worden. Er war unverdächtig. Wer in den Dörfern und in den Verwaltungen hätte sich schon ein derart selbstloses Beharrungsvermögen vorstellen können?

Von 1920 an verging nicht ein Jahr, in dem ich Elzéard Bouffier keinen Besuch abstattete. Niemals sah ich ihn zweifeln oder von seinem Weg abweichen. Nur Gott weiß, ob Gott selbst ihn anspornte. Um ein derartiges Ergebnis zu erreichen, hatte er – das lässt sich leicht ermessen – eine Menge Widrigkeiten zu überwinden; er war gezwungen gewesen, mit der Hoffnungslosigkeit zu kämpfen. Seine Enttäuschungen habe ich nicht gezählt. Innerhalb eines Jahres hatte Bouffier mehr als zehntausend Ahornbäumchen gepflanzt. Sie gingen alle ein. Im Jahr darauf gab er den Ahorn auf und kam auf die Buchen zurück. Sie entwickelten sich noch besser als die Eichen. Um sich eine genaue Vorstellung von seinem außergewöhnlichen Charakter zu machen, muss man sich vor Augen führen, dass er seine Arbeit in völliger Einsamkeit verrichtete. Diese Einsamkeit prägte ihn so sehr, dass er gegen Ende seines Lebens die Gewohnheit zu sprechen verlor. Vielleicht war es ihm auch nicht mehr wichtig.

Im Jahr 1933 besuchte ihn ein cholerischer Forstwart. Dieser Beamte erteilte Bouffier das Verbot, im Freien Feuer anzuzünden, um den, wie er glaubte, *natürlichen* Wald nicht zu gefährden. Es sei das erste Mal, so erklärte dieser naive Mensch, dass man einen Wald aus sich selbst heraus wachsen sehen konnte. Damals pflanzte Elzéard Bouffier Buchen in zwölf Kilometer Entfernung von seinem Haus. Um sich die langen Wege zu ersparen – er war inzwischen fünfundsiebzig Jahre alt –, erwog er den Bau einer Steinhütte am Ort seiner Pflanzung. Er errichtete sie im darauf folgenden Jahr.

Im Jahr 1935 kam eine ganze Delegation von Verwaltungsbeamten, um den *natürlichen Wald* in Augenschein zu nehmen. Es waren eine Menge Leute vom Gewässer- und Forstamt, ein Abgeordneter und verschiedene Fachleute. Man sagte eine Menge nutzloser Sätze. Auf den Entschluss etwas zu tun folgte zum Glück nichts, außer dem einzig Vernünftigen: Man stellte den Wald unter Naturschutz und verbot die Köhlerei. Denn sogar diesen Menschen war es unmöglich, nicht von der Schönheit der jungen, gesunden Bäume überwältigt zu sein. Selbst der Abgeordnete war tief beeindruckt. Ich hatte einen Freund unter den Forstwarten, die der Delegation angehörten. Ihm verriet ich das Geheimnis. An einem Tag der folgenden Woche machten wir beide uns auf den Weg, Elzéard Bouffier zu besuchen. Wir fanden ihn wie immer bei der Arbeit, zwanzig Kilometer von dem Ort entfernt, wo die Begehung stattgefunden hatte. Dieser Forstwart war nicht ohne Grund mein Freund. Er kannte den Wert der Dinge und wusste zu schweigen. Ich bot von den Eiern an, die ich als Geschenk mitgebracht hatte. Wir teilten uns den Imbiss und verbrachten einige Stunden in stiller Betrachtung der Landschaft. Die Gegend, aus der wir gekommen waren, war von sechs bis sieben Meter hohen Bäumen bedeckt. Im Jahr 1913 hatte ich dort eine Wüstenlandschaft gesehen. Die friedliche und regelmäßige Arbeit, die gesunde Höhenluft, die Genügsamkeit und vor allem die Heiterkeit der Seele hatten diesem Alten eine fast biblische Gesundheit gegeben. Er war ein Arbeiter Gottes. Ich fragte mich, wie viel Hektar Landes er wohl noch mit Bäumen bedecken würde. Vor unserem Abmarsch machte mein Freund einen kurzen Vorschlag in Bezug auf die Baumarten, die ihm für das Land geeignet schienen. Doch bestand

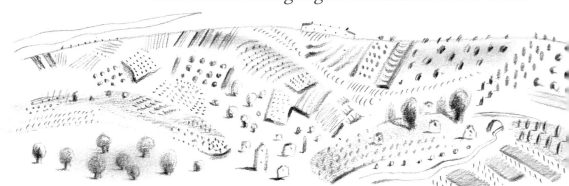

er nicht darauf. »Aus dem einfachen Grund«, sagte er mir später, »weil dieser Alte mehr davon versteht als ich.« Nach einer Stunde Fußmarsch, während derer er wohl weiter darüber nachgedacht hatte, fügte er hinzu: »Er versteht mehr als die meisten Menschen auf der Welt. Er hat ein wunderbares Mittel gefunden, um glücklich zu sein.« Diesem Forstwart ist es zu verdanken, dass der Wald geschützt wurde und die Lebensfreude des alten Mannes erhalten blieb. Er ließ drei Forstwarte benennen, die er dermaßen unter Druck setzte, dass sie für alle Weinkrüge, die die Holzfäller ihnen anboten, unempfänglich blieben.

Nur einmal, während des Krieges im Jahr 1939, geriet Bouffiers Werk in große Gefahr. Die Automobile liefen noch mit Holzkohle, und es gab nicht genügend Holz. Man begann mit dem Fällen der Eichen von 1910, doch waren die Quartiere so weit von allen Straßennetzen entfernt, dass sich das Unternehmen als unrentabel erwies. Man gab auf. Der Schäfer hatte es nicht einmal bemerkt. Er befand sich etwa dreißig Kilometer entfernt

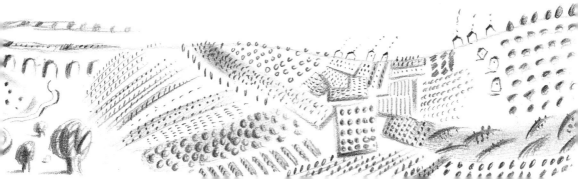

und setzte seine Arbeit friedlich fort. Er kümmerte sich ebenso wenig um den Zweiten, wie er sich um den Ersten Weltkrieg gekümmert hatte.

Ich habe Elzéard Bouffier im Juni 1945 zum letzten Mal gesehen. Er war inzwischen siebenundachtzig Jahre alt. Wieder einmal hatte ich den Weg in seine Einsamkeit eingeschlagen. Doch gab es jetzt, trotz des Elends, in dem der Krieg das Land zurückgelassen hatte, einen Bus, der den Linienverkehr zwischen dem Tal der Durance und den Bergen aufgenommen hatte. Während der Fahrt stellte ich schnell fest, dass ich die Orte meiner ersten Wanderungen nicht wieder erkannte. Auch schien mir die Fahrtroute durch neue Ortschaften zu führen. Erst der vertraute Name eines Dorfes gab mir die Gewissheit, dass ich mich immer noch in der Gegend befand, die einstmals öde und verlassen lag. Der Bus brachte mich nach Vergons. Im Jahr 1913 hatte dieser Weiler von zehn, zwölf Häusern drei Einwohner gehabt. Sie waren verwahrlost, lagen im Streit miteinander und lebten von der Fallenstellerei. Ihre körperliche

und seelische Verfassung glich der von Höhlen-
menschen. Brennnesseln überwucherten die verlassenen Häuser um sie herum. Ihre Lage war
hoffnungslos. Es gab nichts anderes für sie als
auf den Tod zu warten: eine Situation, die kaum
für Tugenden empfänglich macht.

Alles war verwandelt. Selbst die Luft. Anstelle der trockenen, rauen Windstöße, die mich damals empfingen, wehte eine sanfte, duftgesättigte
Brise. Ein Geräusch wie von fließendem Wasser
kam aus den Höhen. Es war das Rauschen des
Windes in den Wäldern. Die allererstaunlichste
Sache aber war das Geräusch von fließendem Wasser, das sich in ein Bassin ergoss. Man hatte einen
Brunnen gegraben, in dem es reichlich Wasser gab.
Doch was mich am stärksten berührte, war eine
am Brunnen gepflanzte Linde. Sie mochte etwa
vier Jahre alt sein und stand in kräftigem Grün. Sie
erschien mir wie das Symbol einer Auferstehung.
Und auch darüber hinaus trug Vergons Spuren
von Arbeit, die in die Zukunft wiesen. Die Hoffnung war zurückgekehrt. Man hatte die Ruinen

weggeräumt, die Überreste der zerstörten Mauern abgeschlagen und fünf Häuser wieder aufgebaut. Der Weiler zählte nun achtundzwanzig Einwohner, darunter vier junge Paare. Die frisch verputzten Häuser waren von Nutzgärten umgeben, in denen in gemischter Reihe Gemüse und Blumen wuchsen, Kohl und Rosen, Porree und Löwenmaul, Sellerie und Anemonen. Es war ein Ort entstanden, der zum Leben einlud.

Von dort ging ich zu Fuß weiter. Der Krieg, dem wir gerade entronnen waren, hatte eine Entfaltung des Lebens nicht zugelassen. Doch nun war Lazarus von den Toten auferstanden. An den tiefer gelegenen Flanken der Berge entdeckte ich kleine Felder mit Gerste und Roggen, die gut im Halm standen; in den Sohlen der engen Täler schimmerte das Grün von Wiesen. Nicht mehr als acht Jahre hatte es gebraucht, um das ganze Land in Gesundheit und Wohlstand erblühen zu lassen. Auf den Fundamenten der Ruinen, die ich 1913 gesehen hatte, erhoben sich jetzt schmucke Bauernhäuser, die von einem glücklichen und ange-

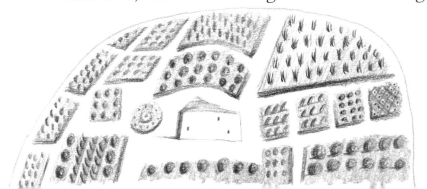

nehmen Leben zeugten. Gespeist vom Regen und Schnee, der von den Wäldern zurückgehalten wurde, hatten die alten Quellen wieder zu sprudeln begonnen. Man hatte die Wasserläufe befestigt. In den Ahornhainen eines jeden Hofes floss Wasser in die übervollen Brunnenbecken, die auf Teppichen von frischer Minze standen. Nach und nach hatte man die Dörfer wieder aufgebaut. Viele Menschen waren aus dem Flachland gekommen, wo Grund und Boden teuer ist, und brachten von dort Jugend, Lebenslust und Unternehmungsgeist mit. Auf den Wegen begegnete man gesund aussehenden Männern und Frauen, Jungen und Mädchen, die lachen konnten und den Geschmack an ländlichen Festlichkeiten wieder gefunden hatten. Zählte man die alte Bevölkerung, die seit der Verbesserung nicht wieder zu erkennen war, und die Neuankömmlinge zusammen, so konnte man sagen, dass mehr als zehntausend Menschen ihr Glück Elzéard Bouffier verdankten.

Wenn ich darüber nachdenke, dass es einem einzigen Mann mit seinen bloßen Händen und

seiner Seelenkraft gelungen war, aus einer Wüste dieses Land Kanaan zu schaffen, verstehe ich, dass der Mensch, trotz allem, über wunderbare Gaben verfügt. Doch wenn ich die Beharrlichkeit und Seelengröße betrachte, derer es bedurfte, dies zu erreichen, erfasst mich eine große Hochachtung für den einfachen Mann, der ein Werk, das dem Schöpfer würdig ist, zu einem guten Gelingen brachte.

Elzéard Bouffier starb im Jahr 1947 in Frieden im Hospiz zu Banon.

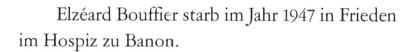

Tullio Pericoli

Der Mann, der
Bäume pflanzte

Giotto

Paolo Uccello

Botticelli

Mantegna

Giovanni Bellini

Bosch

Altdorfer

Poussin

Hokusai

Friedrich

Turner

Matisse

Klimt

Léger

Klee

Leonardo

Cranach

Piero di Cosimo

Pieter Bruegel d.Ä.

Rousseau

Cézanne

Seurat

Gauguin

Van Gogh

Mondrian

De Chirico

Magritte

Steinberg

Jean Giono, 1895 in Manosque in der nördlichen Provence geboren, starb dort 1970. Er veröffentlichte zahlreiche Romane, in denen er die Menschen seiner Region beschrieb und immer wieder die Einheit der Bergbauern und Hirten mit der Natur der modernen Massengesellschaft und der Bedrohung des Lebens durch Militarismus und technische Versklavung entgegenstellte.

Auf die Frage, wo die von Elzéard Bouffier gepflanzten Wälder zu finden seien, antwortete Giono später: »Selbst wenn Sie nach Vergons gehen, werden Sie nichts sehen: Seit jener Zeit ist alles verändert und über den Haufen geworfen worden, um Silos für Atomraketen, Schießplätze und mehrere Ölreservoirs anzulegen. Sie werden nicht die Spur eines Andenkens an Elzéard Bouffier finden. Seien Sie zufrieden mit dem Text und mit dem Geist der Sache. Er hat sein Genügen in sich.«

Tullio Pericoli, 1936 in Colli del Tronto, einem Dorf der Region Marken in Italien geboren, lebt seit 1961 in Mailand. Er zählt zu den bedeutendsten Künstlern seines Landes und wurde zunächst durch seine treffsicher gezeichneten Kommentare zur politischen Szene bekannt. Seither hat er sich als virtuoser, detailversessener Maler, Zeichner und Bühnenbildner internationalen Ruhm verschafft. Besonders seine Portraits von Literaten und Künstlern machten ihn auch in Deutschland durch Ausstellungen und Bücher bekannt.